IL POSTO DELLE FRAGOLE

Un capolavoro di Ingmar Bergman

Saggio

Salvatore M.Ruggiero

IL POSTO DELLE FRAGOLE, 1957

(Titolo originale:

Smulltronstallet;

Titolo in inglese:

The wild strawberries)

a tutti quelli che si ostinano a non voler conoscere, capire e apprezzare il grande cinema di Ingmar Bergman: non sanno quello che si perdono.

"Mi trovai in aspro dissidio con i miei genitori. Non volevo né potevo parlarne con mio padre. Mia madre e io cercavamo di volta in volta una temporanea riconciliazione, ma c'erano troppi scheletri negli armadi, troppe incomprensioni perverse. Ci sforzavamo, perché avremmo voluto volentieri concludere la pace, ma fallivamo sempre. Immagino che i più forti impulsi a fare Il posto delle fragole *siano nati proprio da qui. Io mi ritraevo nella figura di mio padre, cercando spiegazioni alle amare controversie con mia madre. Credevo di capire di essere stato un bambino non desiderato, cresciuto in un grembo freddo e generato in una crisi... fisica e psichica. Il diario di mia madre ha in seguito confermato questa mia impressione: mia madre era profondamente ambivalente nei suoi sentimenti verso il suo disgraziato, morente bambino."*

(I.Bergman, dal suo libro-diario *Immagini*)

PROLOGO

Di tutti i film di Ingmar Bergman *Il posto delle fragole* è, certamente, quello che ha dato al regista la definitiva fama planetaria; quello più famoso (insieme a *Il settimo sigillo*[1]); quello che è rimasto più profondamente impresso nella memoria collettiva; quello più osannato dalla critica e il più premiato[2]. Il film che si svolge nell'arco di una sola giornata è una specie di *road movie*, un reale viaggio in macchina, effettuato da un vecchio e solitario dottore, Eberhard Isak Borg[3].

---

1 *Det sjunde inseglet*, girato nel 1956 e uscito lo stesso anno, il 1957.

2 Il lungo elenco di premi internazionali (riportato integralmente nelle ultime pagine di questo libro), ne fanno uno dei film più premiati della storia del cinema.

3 *"All'età di settantasei anni mi sento troppo vecchio per mentire a me stesso. (...) Come risultato, di mia libera volontà, ho finito per ritirarmi quasi del tutto dalla società, poiché i nostri rapporti con gli*

Il dottore, che si appresta a celebrare il suo dottorato giubilare come professore in batteriologia: per la sua carriera, lunga e brillante, verrà nominato dottore *ad honorem*, coglie l'occasione per un radicale esame di coscienza che investe tutta la sua vita, la sua carriera professionale e i suoi rapporti inter-famigliari e inter-personali. Giunto alla fine del suo percorso professionale e della sua vita, affronta un viaggio, da Stoccolma a Lund, che sarà anche un *time travel*[4], un viaggio a ritroso nel tempo, un viaggio nei ricordi più accorati della sua vita; un viaggio di redenzione al termine del quale, accortosi di tutti i suoi limiti umani e degli innumerevoli

---

altri consistono più che altro nel discutere e giudicare la condotta di coloro che ci circondano."

4   *"In un viaggio in auto tra Stoccolma e Lund l'anziano professore Isak Borg riconsidera la sua vita. Chi può dimenticare tali immagini?"*
    (Woody Allen)

errori commessi nei suoi rapporti con le persone con le quali è venuto in contatto, si sarà, serenamente, avvicinato di più alla morte, ma anche alla piena, personale catarsi[5].

La partenza per il viaggio in macchina verso Lund è preceduta da un sogno, anzi, da un incubo.

"Verso l'alba del 1° giugno, feci un sogno strano e assai spiacevole.[6]"

Il dottore sogna, infatti, di fare una passeggiata mattutina tra i vicoli della città vecchia, deserta e silenziosa.

L'orologio dell'ottico, sotto al quale spesso passava sorridendo ritenendolo grottesco, ha perso le lancette e i due occhi dipinti sull'insegna appaiono schiacciati e putrescenti.

Anche il suo orologio da tasca, ha perso le sue lancette: se ne accorge tirandolo fuori per controllare l'ora.

---

5 Dal greco *katharsis, κάθαρσις: purificazione*
6 Isak Borg dal prologo della sceneggiatura de *Il posto delle fragole.*

Forse, anche la sua ora è giunta?

Corre allora verso l'unico passante che scorge nella via, ma quando si accorge che l'uomo non ha un volto, quello si affloscia nei sui abiti e si liquefa a terra come cera.

Continuando la sua passeggiata si imbatte ancora in un funerale.

Il carro funebre[7], che gli viene quasi addosso, perde una ruota, sbattendo violentemente sul bordo del marciapiede. La ruota gli rotola incontro, rischiando d'investirlo.

Il carro si abbassa da un lato, la bara cade sull'asfalto e si apre. Da essa si sporge una mano che lo attira a se e gli consente di vedere il volto del cadavere che ha le sue stesse sembianze. Il funerale è il suo.

Dopo questi lunghi attimi di intenso

---

7 Il carro funebre è un evidente richiamo a *Korkarlen* (*Il carretto fantasma*, 1921) film di Viktor Sjostrom. *"Vedo chiaramente come quel film abbia influenzato la mia professione, perfino nei più minuti particolari."*

terrore il dottor Isak Borg si sveglia e si mette a sedere sul letto. E' rinfrancato, accorgendosi che c'è ancora, è vivo e dice: *"Mi chiamo Isak Borg. Sono ancora vivo. Ho settantasei anni. Mi sento proprio benissimo."*

Può prepararsi per il viaggio, non prima di aver inscenato un divertente siparietto con la sua governante Agda, che sedata la discussione, definisce una *"vecchia brontolona."*

Isak Borg[8] inizia il suo viaggio col fardello del suo egoismo, della sua indifferenza, della sua incapacità di comprendere gli altri o, forse, della sua svogliatezza a volerli comprendere.

Un pesante fardello fatto di una assoluta, perfetta, soddisfacente anaffettività.

---

8 Le iniziali del suo nome sono le stesse del nome del regista; in più la radice del nome Isak deriva da *is*, che significa ghiaccio; mentre *borg* significa fortezza.

A tale proposito, Ingmar Bergman, riferendosi al protagonista del film, dice: *"Modellavo un personaggio che esteriormente somigliava a mio padre ma che ero io in tutto e per tutto."*[9]

Isak Borg, è accompagnato nel suo viaggio dalla nuora Marianne che deve raggiungere anch'ella Lund, dove si trova suo marito Evald, figlio di Isak, col quale è in piena crisi matrimoniale.
Uno dei motivi della crisi della coppia è determinato dal fatto che Marianne è incinta e vuole tenere il bambino, anche contro la volontà di Evald che ha sempre resistito all'idea di procreare.
Evald, anch'egli uomo di scienza, così spiega le sue ragioni a Marianne nel corso di un loro drammatico incontro: *"Sono sano di mente, e ti ho spiegato la mia posizione con assoluta*

---

9   Ingmar Bergman, *Immagini.*

chiarezza. E' assurdo vivere in questo mondo, ma è anche più ridicolo popolarlo di nuove vittime; e la cosa più assurda di tutte è credere che a loro andrà meglio di noi."

Marianne: *"Questa è solo una scusa."*

Evald: *"Chiamala come vuoi. Personalmente io sono stato il figlio indesiderato di un matrimonio ch'era una graziosa riproduzione dell'inferno. Sarà proprio certo mio padre che sono suo figlio? Indifferenza, paura, infedeltà e sentimenti di colpa queste furono le mie nutrici."*

E, come se volesse rincarare la dose, Evald, rivolto ancora a Marianne, nel corso dello stesso incontro: *"Tu hai un dannato bisogno di vivere, di esistere, di procreare."*

E, Marianne: *"E tu?"*

Evald: *"Il mio bisogno è di essere morto. Assolutamente, completamente morto."*

Tutti i film di Ingmar Bergman hanno forti elementi autobiografici.

Certamente il disagio di Evald Borg in questo film rappresenta il disagio che fu vissuto nella vita reale dal piccolo Ingmar Bergman quando scoprì della relazione segreta della madre per un uomo diverso dal padre.

"Una sera d'autunno... improvvisamente udii che al piano inferiore era in corso una lite. La mamma piangeva, la voce del papà era piena di collera. Erano suoni spaventosi che non avevo mai udito prima. Sgusciai fuori dalle scale e vidi mamma e papà discutere violentemente nell'anticamera... non ricordo con chiarezza quello che seguì. (...) Il pastore della parrocchia di Hedvig-Eleonora (il superiore di papà) intervenne. I miei genitori si riconciliarono e l'arciricca zia Anna li portò con sé in un lungo viaggio

attraverso l'Italia.[10] "

I genitori, dopo altre violentissime liti, alle quali spesso i loro tre figli assistettero, ripresero la loro vita in comune solo per smorzare le critiche sociali che sarebbero venute dalla feroce e imperante morale protestante della Svezia di inizio secolo.[11]

La madre, ovviamente, interruppe la sua relazione extraconiugale col giovane studente di teologia del quale si era perdutamente innamorata.[12]

Isak Borg è pronto per iniziare il suo viaggio. *"Poco dopo le tre e mezzo tirai fuori la macchina dal garage.*

---

10 Ingmar Bergman, *Lanterna magica.*

11 L'intera storia fu meravigliosamente raccontata da Liv Ullman nel film *Conversazioni private* (*Enskilda Samtal,* 1996) scritto da Ingmar Bergman, che racconta un decennio (1924-34) nell'infelice vita coniugale di Henryk Bergman e Anna Akerblom, genitori del regista.

12 Sull'accaduto Ingmar Bergman scrisse due sceneggiature per due film e altrettanti libri: *Con le migliori intenzioni* e *Conversazioni private.*

Marianne uscì dalla porta di strada, in pantaloni e una giacca corta. E' una giovane molto ben fatta. Alzai gli occhi alla finestra per vedere se Agda era affacciata. C'era. La salutai con la mano, ma non ricambiò il saluto. Adirato, salii in macchina, sbattei lo sportello e misi in moto. Silenziosamente uscimmo dalla città addormentata. "[13]

Nel corso del viaggio Isak Borg e la nuora Marianne offrono un passaggio a tre giovani: Sara[14], Anders e Viktor, che vanno verso l'Italia con mezzi di fortuna e facendo l'autostop.

Il dottore li incontra dopo che con Marianne ha fatto una sosta dove

---

13 Dalla sceneggiatura originale de *Il posto delle fragole*.

14 Bibi Andersson interpreta le due Sara del film: l'autostoppista e la cuginetta, che condurrà Isak Borg per mano nel viaggio nei suoi ricordi di fanciullezza fino al posto delle fragole.

sorgeva la vecchia casa di vacanza della famiglia.

Con essi si accende a pranzo una discussione che ha per argomento l'esistenza di Dio.

Anders chiede al professore cosa pensi della loro discussione, ma Isak Borg glissa elegantemente la domanda: *"Cari ragazzi, accogliereste la mia opinione con ironica indulgenza qualunque cosa dicessi. Perciò non dirò niente."*

Durante il viaggio Isak e Marianne hanno anche un incidente, senza conseguenze, con l'auto condotta da Berit, moglie di Alman.
E danno anche a loro un passaggio.

Ma il film è anche un viaggio nella memoria, nei ricordi, nel sogno e nella coscienza.
La luce sui ricordi d'infanzia di Isak

Borg si accende quando decide di fare una breve sosta e raggiunge la casa delle vacanze estive di famiglia.

"Restammo per un poco in silenzio... Il sole era alto nel cielo e la strada era d'un bianco abbagliante. D'un tratto provai un impulso. Rallentai e voltai a sinistra in una piccola strada laterale verso il mare. Era una strada serpeggiante in mezzo alla foresta, fiancheggiata di tronchi di recente tagliati, che mandavano un forte odore al calore del sole. Marianne mi guardò, un po' sorpresa ma non disse nulla. Fermai la macchina in una curva della strada."

Isak si rivolge a Marianne: *"Vieni, voglio mostrarti una cosa."*

Si legge nella sceneggiatura originale: *"Lei sospirò senza dir nulla e mi seguì giù per la lieve discesa, fino al cancello. Scorgemmo la vasta casa gialla in mezzo alle betulle, con la sua terrazza affacciata sulla baia. La casa dormiva dietro le porte chiuse e le persiane abbassate."*

Per un po' Isak e Marianne avanzano assieme, poi il vecchio s'accorge che la nuora non è più dietro di lui, lo ha lasciato solo, allontanandosi verso il mare: l'idea era di rinfrescarsi un po' facendo un tuffo.

Isak: *"Il vecchio posto delle fragole..."*

Il film è una meditazione serena e profonda sulla vita e sulla morte.

"Quel sogno[15] della bara - nelle sequenze iniziali del film – è un sogno compulsivo. Non che giacessi io stesso nella bara. Quello l'ho inventato. Ma il pezzo in cui il carro funebre[16] viene

---

15 Jacob, Hovelius, l'ex-vescovo, compagno di giubileo di Isak Borg: *"Un certo Schopenauer dice non so dove, i sogni sono una specie di follia, e la follia è una specie di sogno. Ma si dice che anche la vita sia una specie di sogno, no?"*

16 Diretta citazione di *Korkarlen* (1921), *Il carretto*

17

avanti, urta contro un palo della luce, la bara scivola e fa venire fuori il cadavere, quello l'ho sognato molte volte.[17] "

La vita pesa. Come pesa su di essa e sugli uomini anche l'idea quotidianamente incombente della morte.
Ingmar Bergman, in qualche modo tenta e, in qualche modo ci riesce, di *rivoluzionare* l'idea convenzionale del mistero, insondabile e insolubile della vita e della morte, dimostrando sostanzialmente che vita e morte non sono così differenti, anzi, contrapposte come invece si tende a credere.
Esse sono compenetrate, fatte quasi della stessa sostanza.
In pratica egli dimostra che non basta esistere per essere vivi.

---

fantasma, film di Viktor Sjostrom, che Ingmar Bergman considerava suo maestro.
17 Ingmar Bergman, *Bergman on Bergman.*

Ci si può sentire morti pur essendo vivi; si può rinascere a nuova vita, in una parola: vivere, anche morendo. Concetto che il regista fa esprimere chiaramente al dottor Isak Borg, non ancora redento, che si rivolge alla nuora Marianne, dicendo: *"...sono morto, pur essendo vivo!"*

Mentre mette sulla bocca di Evald, il figlio, anch'egli medico, di Isak Borg, che si rivolge alla moglie Marianne, una espressione altrettanto eloquente, che parla di un'altra idea, diversa se non opposta: *"Il mio bisogno è di essere morto. Assolutamente, completamente morto."*

Il film è anche una storia di conversione e di redenzione: alla fine del viaggio, alla fine del film, Isak Borg non è lo stesso uomo partito al mattino da Stoccolma. L'uomo freddo e insensibile; egoista e solitario, ricco e famoso ma vadovo e solo.

E' un uomo nuovo, diverso, che rinasce ad una nuova vita. Morendo.

"Marianne si avvicinò a me. Aveva un buon profumo, e frusciava in modo dolce, femminile. Si chinò su di me.

Isak: Grazie per la tua compagnia, durante il viaggio.

Marianne: Grazie a te.

Isak: Ti voglio bene, Marianne.

Marianne: Anch'io ti voglio bene, papà Isak."

Isak Borg, alla fine del viaggio, reale e metaforico, e alla fine della vita, si accorge di non aver detto mai *ti voglio bene a nessuno*, nemmeno alla moglie[18] e, siccome si rende conto di essere una persona diversa da quella anaffettiva che ha intrapreso il viaggio al mattino presto; si rivolge con amore

---

18 Nel prologo Isak Borg scrive: *"Mia moglie Karin morì molti anni fa. Il nostro matrimonio fu alquanto infelice. Ho la fortuna di avere una buona governante."*

e dolcezza alla nuora.

E' l'immagine della sua rinascita a nuova vita, proprio nei momenti che, probabilmente, precedono la sua morte.

Il film termina con un lungo, accorato, miracoloso, primissimo piano di Isak Borg nel letto, che *in articulo mortis*, si è pacificato con se stesso e mostra tutta la sua ritrovata tranquillità e il ritrovato equilibrio di sentimenti nei confronti degli altri.

Parlando durante il discorso di commemorazione, pronunciato dopo la sua morte, in onore di Viktor Sjostrom, Bergman tornò sulla scena finale del film e disse che (*il volto di Viktor*, n.d.A.) *"...era stato toccato da una luce segreta, come riflessa da un'altra realtà. Era un miracolo. Mai prima di allora avevo sperimentato un volto così nobile e liberato."*

IL TEMA DELLA IDENTIFICAZIONE.
1. BERGMAN IN ISAK BORG.

Tra tutti i film di Bergman, *Il posto delle fragole*, è il film nel quale, di più e meglio, si giunge, attraverso l'attenta analisi dei dialoghi, alla esatta identificazione del regista (che è anche sceneggiatore) nei suoi personaggi.

Bergman, che all'epoca del film è appena quarantenne, pare iniziare una vera e propria seduta psicoanalitica ("*...film come sogni, film come musica. Nessuna arte passa la nostra coscienza come il cinema, che va diretto alle nostre sensazioni, fino nel profondo, nelle stanze scure della nostra anima.*") e si identifica innanzitutto col vecchio protagonista Isak Borg.

Lo stesso Bergman lo confessa: (in Isak Borg, n.d.A.) ..."*Modellavo un personaggio che esteriormente somigliava a mio padre, ma che ero io in tutto e per tutto. Io sui 37 anni di età, tagliato fuori dalle relazioni umane, che recidevo i rapporti, autosufficiente, chiuso, non solo abbastanza fallito, ma completamente fallito. Coronato dal successo, però. E bravo. E per bene. E disciplinato[19]".*

Ci si può considerare falliti o esserlo, anche se si è ricchi e famosi: avviene anche per il protagonista Isak Borg ciò che Ingmar Bergman descrive nella sua frase precedente.

Emblematica, da questo punto di vista anche la famosa frase di Isak Borg tratta dalla sceneggiatura del film: *"Mia moglie Karin è morta da molti anni. Il nostro non è stato un matrimonio felice. In compenso ho una buona governante".*

Tale tipo di non-sentimenti Isak Borg li

19

esplica verso tutti (*erga omnes*).

A cominciare dal figlio Evald che lo rispetta, ma segretamente lo odia, come gli confida la nuora Marianne, nella conversazione che i due hanno all'inizio del loro viaggio assieme.

Isak Borg: "*Un patto è un patto, mia cara Marianne. E io so che Evald mi comprende e mi rispetta*".

Marianne: "*Può darsi, ma ti odia anche*".

Per proseguire poi, proprio con la nuora Marianne, con la quale ha avuto un rapporto basato sull'indifferenza reciproca e con la quale si accorge di non aver quasi non ha mai parlato.

Marianne (rivolta ad Isak Borg): "....*Ti ricordi cosa mi dicesti?*"

Isak Borg (rivolto a Marianne): "*Ti dissi di tutto cuore che eri la benvenuta*".

Marianne: "*Ecco cosa mi dicesti, ma non sono sicura che te ne sei dimenticato, non cercare di tirarmi nei vostri problemi coniugali, perché non me ne importa un fico, e ognuno ha le sue cose a cui pensare".*

E, per finire, anche con la sua brava governante Agda, con la quale pure ha continui battibecchi.

Isak Borg (rivolto alla governante Agda, all'inizio del film): *"Non so davvero come ho potuto sopportare la vostra sfrenata volontà di potenza per tutti questi anni".*

Agda: *"Ditemelo, e sarà finita domani stesso".*

Isak Borg: *"Ad ogni modo andrò in macchina, e voi fate quello che diavolo volete. Sono adulto, e non devo sopportare le vostre prepotenze".*

Alla fine del film proprio avendo un breve colloquio con gli stessi personaggi, ma di tutt'altro tenore si capirà che la metamorfosi del dottor Isak Borg, avviatasi con i due sogni si sta giungendo alla perfezione.

Isak Borg, nel corso del film, incassa la riconoscenza e la stima solo dal signor Ackerman, il benzinaio[20], che chiama la moglie per presentargli trionfante il suo amico dottore.

Ackerman: *"Ecco il dottor Borg in persona. Questo è l'uomo di cui parlano sempre mamma e papà, e l'intero distretto. Il miglior dottore del mondo."*

Ne riconosce la grande professionalità e, addirittura, promette di attribuire al figlio in arrivo lo stesso nome del dottore. Infine, come una voce fuori dal coro, ne canta la sua grande umanità e disponibilità nei confronti dei pazienti. A testimoniare, forse, che il riconoscimento professionale che lo attende a Lund ha validi presupposti nell'esercizio della sua attività

---

20 Interpretato da Max von Sydow in un prezioso cammeo dopo il ruolo da protagonista ne *Il settimo sigillo* (*Det sjunde inseglet*, 1957).

sanitaria.

L'anziano protagonista pare nutrire una forma di rispetto solo per la madre, molto più anziana di lui.

Ma, che non sembra, peraltro, amare profondamente, e con la quale si intrattiene solo in rapporti poco meno che formali. Egli effettuerà, infatti, durante il viaggio, una deviazione dall'itinerario con relativa sosta a casa della madre, per salutarla, ma pare, più per rispetto che per vero amore.

Al punto che ci si chiede se il dottor Isak Borg non si sia disabituato ad amare il suo prossimo o se sia mai stato capace di amarlo.

Dalla sceneggiatura del film, durante la scena iniziale, lo stesso Isak Borg recita eloquentemente: "*...ho finito per ritirarmi quasi del tutto dalla società, poiché i nostri rapporti con gli altri consistono più che altro nel discutere e giudicare la condotta di coloro che ci* *circondano... tutto quello che chiedo alla vita è di essere lasciato in pace e di avere la possibilità di dedicarmi alle cose che continuano a interessarmi".*

Passata abbondantemente la metà del film Isak Borg vive un altro sogno, anzi un altro incubo.

Viene accolto da un suo professore dell'università che assume le sembianze del signor Alman, l'uomo al quale ha dato un passaggio in macchina in seguito all'incidente avuto sulla strada, ma che ha fatto scendere dopo un breve tragitto perché colpevole di aver provocato la moglie, con la quale ha avuto una violenta lite.

Alman, attraverso un breve corridoio, lo conduce in un aula che somiglia alla vecchia aula del Policlinico, dove sosteneva gli esami di medicina.

Dopo un esame che per Isak Borg si rivela fallimentare, Alman legge al dottore la sentenza.

Isak Borg: *"Che cosa avete scritto sul mio libretto?"*

Alman: *"La mia conclusione."*

Isak: *"E sarebbe?"*

Alman: *"Che siete incompetente."*

Isak Borg: *"Incompetente?"*

Alman: *"Inoltre professor Borg voi siete accusato di altre colpe, minori, ma gravi tuttavia. Indifferenza, egoismo, mancanza di riguardo."*

Isak Borg: *"No."*

Alman: *"Queste accuse sono state formulate da vostra moglie. Volete avere un confronto con lei?"*

Isak Borg: *"Ma mia moglie è morta da molti anni."*

Alman: *"Credete che io scherzi? Prego, volete venire con me volontariamente? D'altronde non avete scelta, venite!"*

I due si ritrovano in un bosco buio e infestato dai serpenti dove Alman lo conduce a spiare la moglie che fa l'amore con un altro uomo.

Alman: "*Molti uomini dimenticano una donna morta da trent'anni. Alcuni conservano di lei una dolce immagine sbiadita, ma voi potete sempre rievocare questa scena nella vostra memoria. Strano, vero? Martedì 1° maggio 1917. Voi stavate qui, e udiste e vedeste esattamente tutto ciò che quella donna e quell'uomo dissero e fecero.*"

Forse è proprio questo sogno che smuoverà profondamente la coscienza del dottor Isak Borg e lo costringerà all'auto-esame che lo porterà alla sua definitiva redenzione.

Quando l'incubo si dissolve: a Isak Borg pare di sentire la voce famigliare e dolce di Sara.

"*In quel momento mi svegliai. La macchina era ferma e il temporale era cessato, ma piovigginava ancora leggermente. Eravamo nelle vicinanze delle Fonderie Stromsnas, dove la strada costeggia da un lato fitte foreste e dall'altro le rapide del fiume. Regnava un perfetto silenzio. I tre ragazzi erano scesi dalla macchina e Marianne se ne stava tranquillamente a fumare una sigaretta, mandando il fumo fuori attraverso il finestrino aperto. Dalla foresta bagnata giungevano folate di odori forti e piacevoli."*

Solo alla fine del film, quindi alla fine del viaggio, il dottor Isak Borg vive alcuni momenti di breve ma intensa umanità e socializzazione.

Quando, ad esempio, chiede scusa alla sua governante Agda per la piccola lite mattutina.

Con essa finirà per familiarizzare spontaneamente, chiedendole di smettere di fare cerimonie con lui e, addirittura, di darsi del tu.

Richiesta che, peraltro, la puritana, anziana e saggia Agda rifiuta.

Alla nostra età bisogna sapere come comportarsi. Non le pare professore?"

Oppure quando, quasi evangelicamente, tenta di rimettere il debito che il figlio ha nei suoi confronti, preoccupandosi non di riscuotere il denaro, ma piuttosto di sapere come andrà a finire tra lui e Marianne e se il figlio ha l'effettiva intenzione di proseguire la sua storia con la moglie.

Evald vuole continuare: la nuora Marianne dice di volerci pensare.

Oppure quando commosso dall'ultima testimonianza d'affetto e di stima dei giovani autostoppisti, capeggiati dalla esuberante Sara[21], chiede commosso di dargli notizie di loro.

"Scrivete qualche volta."

---

21 *"Ciao papà Isak. Lo sapete, siete voi il mio vero amore, oggi domani, sempre."*

E vive anche un momento di intensa e delicata intimità, un momento di vera umanità e dolcezza, forse il primo della sua intera vita, quando saluta, forse per l'ultima volta la nuora Marianne.

Si legge dalla sceneggiatura originale del film.

"...Marianne si avvicinò a me. Aveva un buon profumo, e frusciava in modo dolce, femminile. Si chinò su di me."

Poi il dialogo: breve ma intenso e significativo.

Isak Borg: *"Grazie per la tua compagnia, durante il viaggio".*

Marianne: *"Grazie a te".*

Isak Borg: *"Ti voglio molto bene Marianne".*

Marianne: *"Anch'io ti voglio bene, papà Isak".*

L'ultima scena de *Il posto delle fragole* è poesia pura e rappresenta anche la sintesi di tutto il film.

Isak Borg, da vecchio, cerca i genitori; torna nel posto delle fragole; incontra Sara che pronuncia la famosa frase: *"Isak, caro, le fragole sono finite.[22]"*
Poi, arrivando nella piccola baia, vede da lontano i suoi genitori seduti in riva al mare che lo salutano con la mano. *"Non so ora, né sapevo allora quanto io, attraverso* Il posto delle fragole, *facessi un appello ai miei genitori: guardatemi, capitemi, e se possibile, perdonatemi.[23]"*

---

22 Qualche traduttore riporta la frase in modo meno semplice e più farragginoso: *"Isak, caro, non ce ne sono più, di fragole!"*
23 Ingmar Bergman, *Immagini.*

IL TEMA DELLA
IDENTIFICAZIONE
2. BERGMAN IN ANDERS E VIKTOR.

Ma, oltre che con il vecchio dottore Isak Borg, tra i personaggi de *Il posto delle fragole*, Ingmar Bergman si identifica anche con i due universitari: Anders e Viktor.

Due giovani, dal punto di vista della formazione culturale, della personalità e del carattere, antitetici e sempre contrapposti dialetticamente.

I due incarnano, evidentemente, le due diverse, contrapposte anime del maestro, eternamente divise tra il credere e il non-credere[24]; sempre

---

24 *"Non appartengo a nessuna religione, non ho mai avuto bisogno di nessun Dio, o salvazione, o vita eterna: io sono il mio Dio, provvedo io stesso a contornarmi d'angeli e demoni, vivo su una spiaggia pietrosa sommersa nelle onde di un mare che mi protegge."*
(Ingmar Bergman, *Lanterna magica*)

indecise, incapaci di prendere una decisione finale; avvolte dal dubbio del nulla dopo la morte, ma accarezzate dal fascino della fede[25].

Nel *Settimo sigillo* la parte religiosa, mistica, credente, sebbene alla costante ricerca di prove dell'esistenza di Dio è impersonata nel cavaliere Antonius Block; mentre lo scudiero Jons, ateo dichiarato, razionalista impenitente, ne incarna il pragmatismo, la disillusione, il disincanto, lo scetticismo, nei confronti di qualsiasi forma di trascendenza.

Non era, forse, lo stesso Bergman che ripeteva: *"Veramente io non credo in Dio, ma la faccenda non è così semplice, tutti portiamo un Dio dentro noi stessi, tutto forma una trama che ci*

25   *"Ne* Il posto delle fragole, *a rivestire i panni dell'ateo e del credente, che si contrappongono dialogicamente, sono i due studenti, spasimanti al seguito della giovane Sara: Victor, razionalista ateo e Anders, credente che aspira a diventare pastore."* (Salvatore M.Ruggiero, *Il settimo sigillo*)

pare a volte di riconoscere, soprattutto al momento della morte".[26]

Oppure, con un'espressione dal profondo sapore nichilista: ...*"sei nato senza scopo, vivi senza significato, la vita è significato a se stessa. Quando muori ti spegni. Dall'essere ti muterai in non-essere. Non è necessario che un Dio dimori tra i nostri atomi sempre più capricciosi."*[27]

O, ancora, quando ripercorre i sentieri di Nietzsche: *"Le uniche alternative all'inferno in terra sono la fede in Dio o il suicidio. Ma Dio è morto, oppure è ridotto al silenzio, il che è lo stesso.[28]"*

Ma torniamo, per un momento, ai due giovani spasimanti di Sara: Anders, studia teologia e crede in Dio; Viktor, studia medicina ed è ateo.

---

26 Ingmar Bergman, *Lanterna magica*.
27 Ibidem.
28 Ibidem.

Ateo proprio come Ingmar Bergman[29].
Illuminante il breve ma intenso dialogo dei due giovani nel corso del pranzo.
Introdotto da una frase panteistica[30] di Anders:

"Oh! Quando vediamo tanta bellezza in ogni cosa del creato, quanto più bella dovrà essere la fonte eterna di questa emanazione!"

Sara, rivolta a Isak Borg: *"Anders diventerà pastore* (il padre di Bergman era pastore luterano, n.d.A.)*, e Viktor medico".*

Viktor: *"Avevamo giurato che non avremmo parlato né di Dio né della scienza per tutta la durata del viaggio. Considero l'esplosione lirica di Anders una violazione del patto."*

Sara: *"Oh, è stato bello!"*

---

29 *"Io non sono un credente, qualsiasi forma di salvazza ultraterrena mi suona blasfema."*
   (Ingmar Bergman, *Lanterna magica*)

30 Il panteismo (πάν, pan = tutto e θεός , theos = Dio, vuol dire letteralmente Dio è Tutto e Tutto è Dio) è una visione per cui ogni cosa è permeata da Dio.

Viktor: *"Inoltre, non posso capire come un uomo moderno possa fare il pastore. Anders non è un perfetto idiota".*

Anders: *"Lascia che ti dica che il tuo razionalismo è una incomprensibile insulsaggine. E neanche tu sei un idiota".*

Viktor: *"Secondo me, l'uomo moderno guarda in faccia la propria insignificanza, e crede in se stesso e sulla propria morte biologica. Tutto il resto è privo di senso".*

Anders: *"E secondo me l'uomo[31] moderno esiste solo nella tua fantasia. Perchè l'uomo guarda alla propria morte con orrore, e non può rassegnarsi alla sua insignificanza".*

Viktor: *"Va bene. La religione è come l'oppio per i malati. Oppio per calmare il dolore. Se è questo che vuoi."*

31

Sara: *"Non sono fantastici? Mi sento sempre d'accordo con l'ultimo che parla. Non è interessante da matti?"*

Viktor: (Arrabbiato) *"Quando eri piccolo credevi in Babbo Natale e adesso credi in Dio."*

Anders: *"E tu hai sempre sofferto di una incredibile mancanza di immaginazione."*

Ma Bergman, che non pare avere problemi ad identificarsi anche in personaggi femminili, mette in bocca a Sara la domanda delle cento pistole, la domanda delle domande, insomma, la madre di tutte le domande.

Sara parla al posto del regista quando chiede ai duellanti: *"Allora (Dio) esiste, oppure no?"*

IL TEMA DELLA SEDUZIONE

Ne *Il posto delle fragole* torna, anche se appena accennato, un tema ricorrente, caro al regista, benché minore: il tema della seduzione. Tema trattato in maniera più approfondita in altre pellicole del regista. Vedi ad es. *L'occhio del Diavolo*[32] ispirato alla figura del Don Giovanni di Mozart. (*"La verginità di una giovane è come l'orzaiolo nell'occhio del diavolo"*).
Non lo è forse o, comunque, non si comporta come tale, il cugino di Sara, Sigfrid? Che insidia la virtù della cugina proprio nel posto delle fragole, mentre la fanciulla ne raccoglie riponendole in un cestino, allo scopo di regalarle alla zio Aronne, per l'occasione del suo compleanno.
Dalla sceneggiatura originale del film si legge: *"Sigfrid si chinò sulla*

---

32 *Djavulens oga*, 1960.

ragazza, e la baciò in modo piuttosto galante sul collo niveo. Sara si adirò non poco."

Si saprà nel corso della proiezione che Sara e Sigfrid si sono sposati.

En passant il tema della seduzione viene accennato da Bergman addirittura ne *Il settimo sigillo.*

Non è un seduttore il vecchio attore Skat che insidia Lisa, la moglie del fabbro Plog, nel bosco dietro le quinte del rabberciato teatrino organizzato dalla scalcagnata compagnia di giro di Jof (interpretato da un grande Niels Poppe)?

Ed infine, non è forse un seduttore l'uomo col quale la moglie di Isak si accompagna nel bosco e che finisce per possederla?

"E ora andrò a casa e racconterò tutto a Isak; so già cosa mi dirà: povera bambina, quanta pena mi fai. Come se fosse Dio in persona".

CONCLUSIONI

Il posto delle fragole è un film perfetto, basato su una sceneggiatura *di ferro,* circolare, con una struttura e uno sviluppo che non ha cedimenti, smagliature né lacune. Affronta diversi temi, in pratica tutti quelli più cari alla filmografia di Bergman. Isak Borg incarna la problematica del fallimento umano, professionale e affettivo; l'egoismo, la incomunicabilità e la solitudine umani. Ma pone anche il problema dell'uomo che si trova davanti alla morte, quindi avverte la necessità della ricerca del trascendente e di Dio. Attraverso Isak Borg, Ingmar Bergman si pone anche l'obiettivo di effettuare una lettura psicologica e psicoanalitica dell'intera esistenza umana. La paura incombente della morte, impone al venerando dottor Isak Borg un doveroso approfondimento della propria vita; un vero e proprio esame. Alla fine il protagonista riuscirà a liberarsi del fardello del proprio egoismo; uscirà dal bozzolo della sua solitudine e riuscirà ad aprirsi agli altri. Il tutto avviene con una costruzione filmica classica, senza le innovazioni e le sperimentazioni che Bergman inizia ad adottare nei suoi film una decina di anni dopo[33].

Qualche critico ha visto nelle scene iniziali del sogno un richiamo evidente al *Carretto fantasma*, film muto del 1921 diretto dallo stesso protagonista: Viktor Sjostrom, e un riferimento più indiretto, ma ugualmente evidente, al cinema espressionista tedesco: *Vampyr*, uno dei primi film dell'orrore, diretto da Dreyer, nel 1932, ad esempio. Mentre, qualcun'altro ha colto una analogia di ispirazione e una

---

33 Con *Persona* (*Persona,* 1966), *L'ora del lupo* (*Vargtimmen,* 1967) e con *Passione* (*En passion,* 1969).

somiglianza psicofisica di Isak Borg col protagonista di *Umberto D.*, capolavoro del neorealismo italiano, diretto da Vittorio De Sica nel 1952 e anche col protagonista di *Vivere* diretto sempre nel 1952 da Akira Kurosawa.

Il posto delle fragole rappresenta per Ingmar Bergman quello che *À la recherche du temps perdu* rappresenta per Proust. E le fragole sono le sue *madeleine*. Si sa, infatti, che Bergman ama Proust e come Proust è convinto che *"la realtà non si forma che nella memoria"*.

Il posto delle fragole è anche un film sulla nostalgia e sulla giovinezza e un film sugli affetti come valore primario dell'esistenza[34].

"Insomma il film è un itinerario

---

34 *"Siamo un esercito di milioni di povere anime invalide che si aggirano per il mondo chiamandosi con parole disperate senza riuscire a comprendersi, suscitando in noi terrore."*
(Ingmar Bergman)

spirituale nella memoria ...alla ricerca del tempo perduto, nel senso più proustiano del termine.[35] "

Ma Bergman ama e conosce profondamente anche l'opera di August Strindberg, e come lui è un fervente sostenitore dell'autobiografismo come forma alta di letteratura. *"C'è solo il presente e l'infanzia ricordata, rivissuta, è una sorta di prova generale, un mondo perduto di luci, profumi, suoni. "[36]*

E viene anche da chiedersi quanta parte abbia avuta il vecchio regista nel successo del film di Bergman. Il quale ammise candidamente di avere scritta la sceneggiatura de *Il posto delle fragole*, senza mai pensare, nemmeno una volta, a Viktor Sjostrom come ad un possibile protagonista.

---

35 Antonio Costa, *Ingmar Bergman.*
36 Ingmar Bergman, *Lanterna magica.*

Fu solo quando Carl Anders Dymling gli avanzò concretamente la proposta che iniziò a pensarci.

Infine, Bergman, ancora sulla sua scelta: *"Credo di essere rimasto incerto abbastanza a lungo, prima di accettarla."*

La recitazione dell'anziano attore-regista è perfetta. Il suo personale ideale per la parte, le espressioni del suo volto, la mobilità dei suoi occhi, la naturalezza con la quale si cala nel personaggio e lo fa suo, la gestualità misurata ed elegante, hanno consentito la creazione di quella alchimia giusta ed irripetibile per la realizzazione di un capolavoro acclamato. Lo stesso Ingmar Bergman nel suo libro-diario *Immagini,* descrisse perfettamente quello che era avvenuto sotto i suoi occhi impotenti ma evidentemente soddisfatti. *"... Non avevo capito che Viktor Sjostrom si era preso il mio testo, l'aveva fatto suo e vi aveva immesso le sue esperienze: la sua sofferenza, misantropia, indifferenza, brutalità, dolore, paura, solitudine, gelo, calore, acidità, noia. Si era impadronito della mia anima nella figura di mio padre e se ne era appropriato: non ne era rimasta neppure una briciola! Fece tutto questo con la sovranità e l'ossessione delle grandi personalità. Non avevo nulla da aggiungere, neppure un commento ragionevole o irrazionale.* Il posto delle fragole *non era più il mio film, era il film di Viktor Sjostrom."*

Non c'è da meravigliarsi, quindi, se Ingmar Bergman col suo capolavoro riesce a cogliere perfettamente l'obiettivo che si era prefisso col suo film: l'uomo storico, attraverso un'autocritica; attraverso una dura, spietata, presa di coscienza della sua intera vita, può accorgersi che, se essa è stata guidata dall'egoismo, dalla solitudine, e dalla incapacità di dialogare con gli altri e, soprattutto, di amare[37] gli altri, è fallimentare.

Ma anche, che si può riscattare la propria intera esistenza aprendosi agli altri: *"Dobbiamo avere qualcuno da mare, se non lo abbiamo è come essere morti. L'amore abbraccia tutto anche la morte. Credo nell'amore per il nostro prossimo. Se tutti gli esseri umani fin da piccoli imparassero a curarsi l'uno dell'altro, il mondo sarebbe diverso.[38]"*

---

37 *"Dio è l'Amore, e l'Amore è Dio. L'Amore è una prova dell'esistenza di Dio. L'Amore è la sola realtà di questo nostro pietoso mondo terreno."* (Ingmar Bergman)

38 Dalle sceneggiature dei film di Ingmar Bergman.

NOTIZIE SUL FILM

Titolo originale	*Smultronstället*
Lingua originale	Svedese
Paese di produzione	Svezia
Anno	1957
Durata	91 min
Colore	B/N
Audio	sonoro (mono)
Rapporto	1,37:1
Genere	drammatico, sentimentale
Regia	Ingmar Bergman
Soggetto	Ingmar Bergman
Sceneggiatura	Ingmar Bergman
Produttore	Allan Ekelund
Casa di produzione	Svensk Filmindustri (SF)
Fotografia	Gunnar Fischer
Montaggio	Oscar Rosander
Musiche	Erik Nordgren
Scenografia	Gittan Gustafsson
Costumi	Millie Ström
Trucco	Nils Nittel

PERSONAGGI E INTERPRETI

Victor Sjöström: Dottore Isak Eberhard Borg
Bibi Andersson: Sara, la giovane autostoppista
Ingrid Thulin: Marianne Borg, nuora di Isak Borg
Gunnar Björnstrand: Evald Borg, figlio di Isak
Borg e marito di Marianne
Jullan Kindahl: Agda, la governante
Folke Sundquist: Anders, uno studente
Björn Bjelfvenstam: Viktor, uno studente
Naima Wifstrand: signora Borg, madre di Isak
Gunnel Broström: sig.ra Alman
Gertrud Fridh: Karin Borg, moglie di Isak
Sif Ruud: zia Olga
Gunnar Sjöberg: Sten Alman / L'esaminatore
Max von Sydow: Henrik Åkerman, il benzinaio
Åke Fridell: amante di Karin
Yngve Nordwall: zio Aron
Per Sjöstrand: Sigfrid Borg
Gio Petré: Sigbritt Borg
Gunnel Lindblom: Charlotta Borg
Maud Hansson: Angelica Borg
Ann-Marie Wiman: Eva Åkerman
Eva Norée: Anna Borg
Lena Bergman: Kristina Borg, gemella di Birgitta
Borg
Monica Ehrling: Birgitta Borg, gemella di Kristina
Peder Hellman: bambino di Sigbritt
Ulf Johansson: signor Borg, padre di Isak
Göran Lundquist: Benjamin Borg
Wulff Lund
Gunnar Olsson:
Vendela Rudbäck: Elisabeth, cameriera della
signoraBorg
Per Skogsberg: Hagbart Borg
Helge Wulff: il manager

PREMI VINTI

- 1963, *Kinema Junpo Awards* (Giappone):
  - Migliore film straniero, Ingmar Bergman

- 1960, *Premio Golden Globe* (USA):
  - Golden Globe, migliore film straniero, a pari merito con *Orfeo negro*, *La chiave*, *Il ponte*, *Finalmente l'alba* di Kurt Hoffmann

- 1960, *Sindacato Nazionale Giornalisti Cinematografici Italiani*:
  - Nastro d'argento, regia del migliore film straniero, Ingmar Bergman

- 1959, *Premio Oscar* (*Academy Awards*):
  - Nominato, per l'Oscar alla migliore sceneggiatura originale, Ingmar Bergman

- 1959, *Bodil Awards* (Danimarca):
  - *Bodil* a Ingmar Bergman, miglior film europeo

- 1959, *Festival Internacional de Mar del Plata* (Argentina):
  - Migliore attore, Victor Sjöström
  - Migliore film, Ingmar Bergman

- 1958, *Mostra Internazionale d'Arte Cinematografica di Venezia*:
  - Premio della critica a Ingmar Bergman

- 1958, *Festival di Berlino* (Germania):
  - FIPRESCI a Victor Sjöström, alla carriera e alla sua interpretazione nel film
  - Orso d'Oro a Ingmar Bergman

- National Board of Review Awards 1959: miglior film straniero, miglior attore (Victor Sjöström)

Bibliografia

IMMAGINI, Ingmar Bergman, Milano 1992, ed.Garzanti, Titolo originale: *Bilder*;

LANTERNA MAGICA, Ingmar Bergman, Milano 1987, ed. Garzanti;

INGMAR BERGMAN, Antonio Costa, Venezia 2009, ed. Marsilio;

CONVERSAZIONI PRIVATE, Ingmar Bergman, Milano 1999, ed. Garzanti;

CONVERSAZIONE CON INGMAR BERGMAN, O.Assayas e S.Bjorkman, Torino 2008, ed.Lindau;

INGMAR BERGMAN, Sergio Trasatti, ed. Il Castoro, 1995;

BERGMAN THE GENIUS - La vita, le idee, i film, i rapporti con l'Italia, l'amore per l'isola di Faro, Aldo Garzia, Editori Riuniti, 2010;

INGMAR BERGMAN, Jacques Mandelbaum, Collana "I maestri del cinema" nei *Cahiers du Cinema;*

BEN RITROVATO, ERNST INGMAR - Saggio sull'opera cinematografica di Bergman, Claudio Papini, ed. De Ferrari, 2010;

IL GENIO DI UPPSALA – Il grande cinema di Bergman spiegato a chi lo ignora, Salvatore M.Ruggiero, lulu.com editore, 2011.

I CRITICI HANNO DETTO DEL FILM

Ingmar Bergman ha racchiuso tutto il prestigio culturale e tutto l'estro inventivo del suo impegno registico. In questo film armoniosamente confluiscono le più valide esperienze del cinema svedese, tipicamente caratterizzate da un contemplativo sentimento della natura e da validissime costanti espressive e psicologiche, insieme al gusto, all'apertura culturale, alla problematicità addirittura filosofica delle più fervide correnti del miglior cinema europeo. In Ingmar Bergman l'esperienza della regia teatrale si associa ormai a quella collaudatissima della macchina da presa onde comporre una lucidissima architettura, dove tutto appare esattamente calibrato in virtù di una elaborata meditazione di un problema squisitamente umano, che appassionatamente sollecita intelletto e cuore al di fuori di ogni facile lenocinio esteriore.

(Renato Buzzonetti in "Studi Cattolici", 1959, n.14, p.82)

"Bergman, ne Il posto delle fragole *mostra di prediligere il monologo interiore, il concetto di tempo bergsoniano, il surrealismo, i sogni, le associazioni e dissociazioni di pensiero: e in questo ambito sono esatte le citazioni e i rimandi: Proust, Joyce, Faulkner. Si è fatto talvolta, è vero, anche il nome di Kierkegaard e dalla critica francese così tesa e incantata (incatenata?) ai richiami della moda esistenzialista; ci sembra tuttavia che al buon ascolto non sia seguita una precisa concatenazione di ragionamenti, o quanto meno di conclusioni critiche, che comportano limiti di natura artistica e di morale storica...* Il posto delle fragole *è un'opera chiave nella tematica di Bergman o meglio un film che sembra voglia dare o indicare una soluzione al problema principe di essa: la solitudine."*

(Guido Aristarco, *Il mestiere del critico*, ed. Mursia, 1962, pp.301-302)

INDICE